글 설민석

설민석은 머리에는 지식을, 가슴에는 교훈과 감동을 전하는
우리나라 최고의 역사 선생님입니다. 어른, 아이 할 것 없이 누구나
쉽고 명쾌하게 역사를 접할 수 있도록 노력하고 있습니다.
살아 숨 쉬는 생생한 역사 지식과 지혜를 여러분 가슴속에 전달하고자 합니다.

약력
연세대학교 교육대학원 역사교육학 석사
2018년 대한민국 브랜드만족도 1위 역사교육 부문 수상
2017년 대한민국 퍼스트브랜드 대상 특별상 수상
2016년 대한민국 교육서비스 브랜드대상 역사교육 부문 수상
2016년 대한민국 교육산업대상 역사교육 부문 수상
2014년 대한민국창조신지식인대상 역사교육 부문 수상

現 (주)단꿈아이 대표이사
現 (주)단꿈교육 대표이사
現 이투스 한국사 대표강사
現 온라인 교원 연수원 한국사 강사
現 EBSi, 메가스터디, 비타에듀 역사 강사

저서
《설민석의 한국사 대모험》, 《설민석의 통일 대모험》, 《설민석의 삼국지》,
《설민석의 세계사 대모험》, 《설민석의 조선왕조실록》, 《설민석의 첫출발 한국사》,
《설민석 쌤과 함께 부르는 한국을 빛낸 100명의 위인들》,
《설민석의 무도 한국사 특강》, 《설민석의 만만 한국사》

글 스토리콘 | 책임 집필 남상욱

스토리콘은 맛있고 영양가 높은 스토리 콘텐츠를 달콤하고 바삭하게 구워 내는
전문 창작 집단입니다. 책임 집필을 맡은 남상욱 작가는 《고층 건물에서 살아남기》,
《제주에서 보물찾기》를 비롯한 다수의 학습만화와 동화, 지식 단행본을 집필했으며,
현재는 청강문화산업대학에서 작법을 가르치는 일을 함께하고 있습니다.

그림 김문식

2008년 소년 만화 잡지인 〈아이큐 점프〉에 《루트 뱀파이어》로 데뷔하였고,
이후 《마인드 스쿨》, 《뇌과학으로 행성을 구하라!》, 《지니어스 로봇아이》,
《LIVE 과학》 등의 학습만화를 그렸습니다. 현재는 온오프라인에서
만화와 관련된 다양한 활동을 하고 있습니다.

① 위기일발! 명량에 숨은 고사성어를 찾아라!

설민석의 고사성어 대격돌 머리말

어린이 독자 여러분 안녕하세요? 설민석입니다.

이번에는 조금 색다른 주제로 여러분을 찾아왔는데요. 저를 좋아해 주는 어린이 독자 분들은 이 책을 처음 보고 '설쌤이 갑자기 고사성어를?' 하고 조금 의아해했을 것 같아요.

설쌤과 고사성어가 무슨 관계냐고요?

고사성어는 오랜 세월 수많은 사람들의 삶과 경험 속에서 유래되었습니다. 곧 역사와 이야기가 고사성어 안에 녹아들어 있다고 할 수 있어요. 그래서 고사성어를 배우면 역사 속의 지혜와 교훈을 배우는 것과 같습니다. 제가 여러분에게 고사성어 이야기를 들려주고 싶은 이유이기도 하지요.

또한 고사성어는 누구나 공감할 수 있는 뜻을 가지고 있어서, 먼 옛날에 만들어졌다는 것이 신기할 만큼 현재의 어떤 상황에도 적용할 수 있지요. 고사성어 하나면 긴긴 말로 설명하지 않아도 생각이나 감정을 풍부하게 전달할 수 있습니다. 그래서 그런지 뉴스를 비롯한 각종 매체에서 고사성어가 쓰이는 것을 자주 볼 수 있는데요.

어느 날, 어린이 독자 분들에게는 고사성어가 어렵게 느껴질 수도 있다는 생각을 했습니다. 한자로 되어 있는 데다가 배경 이야기를 모른다면 너무 함축적이니까요.

그래서 고민했습니다. '어떻게 하면 고사성어를 쉽고 재미있게 알려 줄 수 있을까?' 그리고… 답을 찾았습니다! 우리가 같이 고사성어 탐험을 떠나면 어떨까 하고요.

제가 고사성어 탐험을 떠난다고 하니, 여러분들의 친구 평강, 온달, 로빈도 떠나겠다고 나섰습니다. 이제는 저보다 역사 여행을 더 좋아한다니까요, 하하!

지금부터 여러분은 아무 걱정 하지 말고, 설쌤, 평강, 온달, 로빈과 함께 이야기 속으로 떠나면 됩니다. 이야기의 재미에 풍당 빠져 읽다 보면, 어느새 고사성어가 머리에 쏙쏙 남게 되는 마법이 펼쳐질 테니까요!

어떤 역사 속 이야기와 고사성어가 기다리고 있을지 벌써부터 두근두근! 기대가 되지요? 자 그럼, 다 같이 고사성어 대격돌의 현장으로 떠나 볼까요?

설민석 드림

설민석의 고사성어 대격돌 구성과 활용

❶ 단계별 스토리텔링 학습

일상에서 자주 사용하는 고사성어부터 역사적 유래가 깊은 고사성어까지 총 3권으로 나누어 단계별 학습이 가능하도록 구성했습니다.

※ 2권, 3권은 2021년 출간 예정입니다.

❷ 사랑스러운 캐릭터, 손에 땀을 쥐는 스토리!

설쌤, 온달, 평강, 로빈이 고사성어 학습을 위해 모험을 떠납니다. 고사성어 대결은 물론 한국사 명장면 속 고사성어 찾기를 통해 교훈을 얻고 지혜를 배웁니다.

❸ 학습 효과에 카드 모으는 재미까지!

온달의 실수로 고사성어들이 꽁꽁 숨어 버렸습니다. 숨은 고사성어를 찾으면 멋진 고사성어 카드를 얻을 수 있는데요, 학습 효과는 물론 카드 모으는 재미를 느낄 수 있습니다.

❹ 설쌤과 함께라면, 고사성어도 쏙쏙!

챕터별 스토리를 되새기며 고사성어의 뜻을 복습합니다. 고사성어 한자의 음과 뜻, 고사성어의 활용, 유래 등을 한눈에 볼 수 있어 체계적인 어휘 학습이 가능합니다.

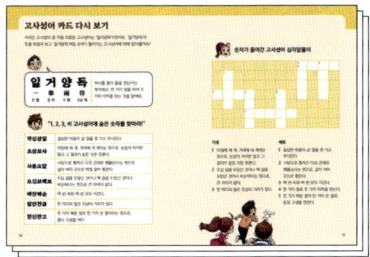

❺ 고사성어로 미션 해결! 신나는 액티비티 학습

고사성어 미로 탈출, 고사성어 십자말풀이, 고사성어 짝 맞추기 게임 등 신나는 액티비티 학습을 통해 고사성어를 깊이 이해하고 활용할 수 있습니다.

❻ 초성 게임이 가능한 '고사성어 카드' 수록!

본문에 등장하는 고사성어 카드를 별책 부록으로 제공합니다. 카드의 앞면(고사성어의 초성)과 뒷면(고사성어의 뜻풀이)을 활용하여 고사성어 초성 게임을 즐길 수 있습니다.

설민석의 고사성어 대격돌 등장인물 소개

설쌤

고구려의 대학자. 용의 송곳니로 만든 분필로 시간 여행을 할 수 있다. 평강 공주와 대한민국에 왔다 공주가 온달에게 반하는 바람에 온달의 공부를 책임지게 된다. 온달에게 고사성어를 가르치던 중 갑자기 고사성어들이 사라지는 사건이 발생한다.

평강

고구려의 공주. 시간 여행을 하며 남편감을 찾다 온달에게 첫눈에 반한다. 온달을 부마로 만들기 위해 고사성어를 가르치다 '사라진 고사성어를 되찾는 모험'에 뛰어들게 된다.

온달

외모는 수려하지만, 성적은 초라한 대한민국의 소년. 식탐과 잠이 많다. 평강에게 남편감으로 찍혀 날마다 공부를 해야 하는데, 꼼수로 고사성어를 외우려다 큰 소동을 일으키고 만다.

황 대감

고구려의 학자이자 설쌤의 라이벌로, 온달이 부마가 되는 것을 결사반대한다. 온달의 국어 실력을 테스트하기 위해 고사성어 대결을 제안한다.

로빈

설쌤의 반려견으로, 고사성어 모험을 돕는다. 사라진 고사성어를 찾는 데 일등 공신.

이순신 장군

단 한 번도 일본군에 패한 적이 없는 조선 최고의 명장. 명량에서 고사성어를 찾아야 하는 설쌤 일행과 만나고, 12척의 배로 어마어마한 군사력을 가진 일본군을 격파한다.

설민석의 고사성어 대격돌 차례

프롤로그 고사성어가 사라졌다! 12

고사성어 징검다리를 건너라! 28

1화 마법의 분필과 고사성어 카드 30

고사성어 카드 다시 보기 50

숫자가 들어간 고사성어 십자말풀이 51

2화 감언이설 약장수, 기사회생 왕만두 52

고사성어 카드 다시 보기 72

찢어진 고사성어 카드의 짝을 찾아라! 74

3화 작심삼일에서 대기만성으로! 76

고사성어 카드 다시 보기 96

고사성어 4컷 만화 99

4화 **조선 시대에서 고사성어 찾기** 100

고사성어 카드 다시 보기 118

명량에 숨은 고사성어를 찾아라! 120

5화 **위기일발 명량, 위풍당당 이순신** 122

고사성어 카드 다시 보기 142

온달이의 고사성어 난중일기 144

6화 **본격! 고사성어 대격돌** 146

고사성어 카드 다시 보기 166

고사성어 초성 퀴즈! 168

프롤로그 고사성어가 사라졌다!

"헉… 헉…"

서울 한복판에 설쌤과 평강이의 지친 숨소리가 울려 퍼졌어요. 두 사람은 주말 아침부터 온달에게 끌려다니는 중이거든요.

결국 세 사람이 도착한 곳은 제법 유명한 떡볶이 맛집이었어요.

"음~, 매콤달콤 떡볶이~ 바로 이 맛이야!"

이미 불룩한 배를 두드리면서도 온달은 냠냠 쩝쩝 끝없이 떡볶이를 먹어 치웠어요.

설쌤의 재채기에도 평강과 온달의 달달 모드는 계속되었어요.

"그동안 한국사 대모험 때문에 떡볶이를 통 못 먹었다고."

"맞아. 과거와 현재를 오가며 한국사 공부를 하느라 우리 온달이가 반달이 되었어."

하지만 설쌤은 이미 다른 생각에 빠져 있었어요.

---

* **폭풍 전야** : 폭풍이 오기 전날 밤으로, 매우 큰일이 닥치기 바로 전 시기를 뜻하는 말.

황 대감은 고구려의 학자로, 제자 '공갈'을 평강의 신랑감으로 앉히고 싶어 했어요. 그래서 온달이 고구려 부마의 자격이 있는지 호시탐탐 시험하려고 했지요.

황 대감은 소리쳤어요.

"온달에게 고사성어 시험을 제안하겠습니다! 시험은 일주일 후! 그때 다시 뵙도록 하지요, 공주님."

그 말과 함께 황 대감은 거짓말처럼 사라져 버렸어요.

* 족보집 : 시험 문제들을 모아서 정리해 놓은 공책.

"헉! 100개나요? 말도 안 돼애애!"
한국사 공부도 벅찬데 고사성어 공부까지 해야 하다니! 온달의 눈앞이 캄캄해졌어요.

온달은 울며 겨자 먹기로 칠판에 고사성어를 써 내려 갔어요.

그때, 로빈이 온달에게 다가왔어요.
"왜, 놀아 달라고? 나도 놀고 싶다…."
로빈은 입에 분필을 물고 있었어요.
　"앗, 이건…?"

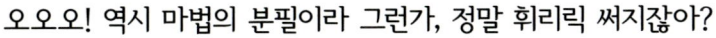

마법 분필 덕분에 온달은 순식간에 칠판 가득 고사성어 100개를 썼어요.

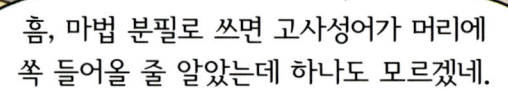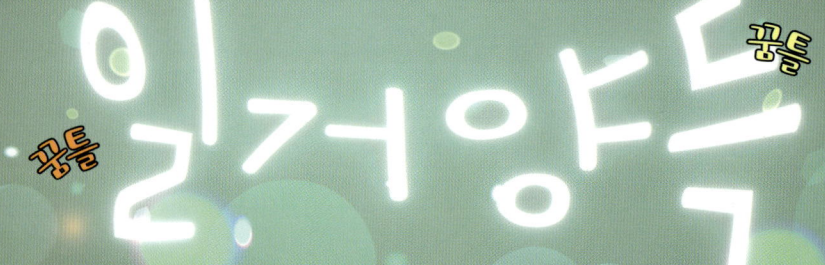

고사성어 징검다리를 건너라!

고사성어를 찾으러 가는 길에 화장실이 급해진 온달.
화장실에 도착하려면 고사성어가 적힌 징검다리 9개를 건너야 해요.
고사성어를 따라 화장실까지 선을 그어 보세요.

설쌤은 온달과 평강이에게 더 자세하게 설명해 주기로 했어요.

"그런 분필로 고사성어를 쓴다면 어떻게 될까?"

"음…. 다시 시간 여행이 시작되는 거, 맞죠?"

"으으…."

으앙

"나도 몰라앙~! 이런 일은 내 인생에 처음이란 말이야!"

"그리고 더 큰 문제는…!"

설쌤은 그만 다리에 힘이 풀려 주저앉고 말았어요.
"더 큰 문제는요?"
온달이 물었어요.

"세상에! 그럴 수가!"
온달 역시 충격을 받은 표정으로 소리쳤어요.

온달이 너, 그게 무슨 소리야?
고사성어에는 세상 이치가 담겨 있어.
고사성어 덕분에 우리는 더 지혜롭게 살 수 있었다고!

무서워

어쩔 거야, 이놈아!
책임져! 책임지라고!!!!

왈! 왈!

알았어.
시키는 대로 할게.
어떻게 하면 될까?

행동파

일단 밖으로 나가자!
나가 보면 분명
방법이 있을 거야!

학구파

잠깐!

진지~

목적지는 정하고 나가야지. 고사성어는 옛 중국의 이야기에서 유래한 것들이 많으니, 먼저 중국으로.

배고파

아, 중국 하니까 중국집 생각나네.

저기 우리, 밥부터 먹고 생각해 보면 어떨까요?

꼬르륵~ 꼬르륵~

세 사람은 자기의 주장을 절대 굽히지 않고 으르렁거렸어요. 그때였어요!

휙~

왈!왈!

30분 후, 거리

"왈왈! 왈왈!"

"저기 있다!"

한참 만에 설쌤은 로빈을 찾아냈어요. 그때까지도 로빈은 허공을 향해 마구 짖어 대고 있었지요.

그래!
그거였어!

고사성어가
사라진 건 무엇
때문이었지?

그거야
마법 분필
때문이었죠.

맞다!
그러니 고사성어를
다시 잡아들이는 것도 바로
이 마법 분필일 거야!

?

자! 봐라!

휙~

그러자 놀라운 일이 벌어졌어요!
설쌤이 휘두른 마법 분필의 모양 그대로, 멋진 고사성어 카드가 만들어져 바닥에 툭 떨어진 거예요!

❖ **일거양득**(一 한 일, 擧 들 거, 兩 두 양, 得 얻을 득)은 하나를 들어 둘을 얻는다는 뜻이에요. 한 가지 일을 하여 두 가지의 이익을 얻는 것을 말해요.

"오오! 설쌤!"

"방금 히어로 같았어요!"

평강과 온달은 두 손을 모으고 설쌤을 우러러 보았어요. 반짝반짝 존경하는 눈빛으로요.

"혹시 로빈이 우리에게 길을 안내해 준 걸까요?"
평강이 눈을 가늘게 뜨며 물었어요.

설쌤이 분필을 들어 온달에게 보여 주었어요.

"로빈은 냄새로 마법 분필을 찾을 수 있단다. 혹시 잃어버릴 걸 대비해서 내가 가르쳐 줬거든!"

고사성어 카드 다시 보기

사라진 고사성어 중 처음 되찾은 고사성어는 '일거양득'이었어요. '일거양득'의 뜻을 되짚어 보고 '일거양득'처럼 숫자가 들어가는 고사성어에 대해 알아볼까요?

일 거 양 득
一 擧 兩 得
한 일 들 거 두 양 얻을 득

하나를 들어 둘을 얻는다는 뜻이에요. 한 가지 일을 하여 두 가지 이익을 얻는 것을 말해요.

"1, 2, 3, 4! 고사성어에 숨은 숫자를 찾아라!"

작심삼일	결심한 마음이 삼 일을 못 가고 무너진다.
조삼모사	아침에 세 개, 저녁에 네 개라는 뜻으로, 눈앞의 차이만 알고 그 결과가 같은 것은 모른다.
사통오달	사방으로 통하고 다섯 군데로 꿰뚫는다는 뜻으로, 길이 여러 곳으로 막힘 없이 통한다.
오십보백보	오십 걸음 도망간 것이나 백 걸음 도망간 것이나 비슷하다는 뜻으로 큰 차이가 없다.
백전백승	백 번 싸워 백 번 모두 이긴다.
일언천금	한 마디의 말은 천금의 가치가 있다.
천신만고	천 가지 매운 일과 만 가지 쓴 일이라는 뜻으로, 몹시 고생을 하다.

숫자가 들어간 고사성어 십자말풀이

가로
1 아침에 세 개, 저녁에 네 개라는 뜻으로, 눈앞의 차이만 알고 그 결과가 같은 것은 모른다.
2 오십 걸음 도망간 것이나 백 걸음 도망간 것이나 비슷하다는 뜻으로, 큰 차이가 없다.
3 한 마디의 말은 천금의 가치가 있다.

세로
1 결심한 마음이 삼 일을 못 가고 무너진다.
2 사방으로 통하고 다섯 군데로 꿰뚫는다는 뜻으로, 길이 여러 곳으로 통한다.
3 백 번 싸워 백 번 모두 이긴다.
4 한 가지 일로 두 가지 이득을 얻는다.
5 천 가지 매운 일과 만 가지 쓴 일로, 온갖 고생을 뜻한다.

미안해…. 난 도저히 안 되겠어. 머리 어깨 무릎 발 안 아픈 곳이 없다고.

고사성어가 아니라 떡볶이집을 찾으러 다닌다고 생각해 봐.

떡볶이? 떡볶이집이 있어? 어디 어디?

거기! 말귀 못 알아들으시는 분!

잘 안 들리는 귀부터 머리 어깨 무릎 발 통증까지! 싹 낫게 해 주는 만병통치약이 여기 있습니다요!

오오!

안 돼!

잉?

싸게 줄게~.

?

설쌤 보시기에도 사기꾼 맞죠?

왜요? 신비의 명약이라잖아요!

저걸 봐!

앗, 저건?

놀랍게도 약장수의 머리 위에 말풍선이 떠 있었어요.

지금은 약을 살 때가 아니야! 바로 두 번째 고사성어를 봉인할 때!

사기꾼 약장수에게 어울리는 고사성어라면 바로 이거지.

달콤한 말로 꾀어내다, **감언이설!**

설쌤이 힘차게 마법의 분필을 휘두르며 주문을 외우자, 멋진 고사성어 카드가 만들어졌어요.

그러자 사기꾼 약장수에게 속아 넘어가기 직전이었던 구경꾼들은 마치 꿈에서 깨어난 듯 정신을 차렸어요.

거기 서!

일단 도망쳐라!

설명해도 믿지 않을 테니….

아, 셀쌤! 그게 방법이에요?

세 사람은 빛의 속도로 삼십육계 줄행랑*을 치기 시작했어요.

에잇, 놓치다니! 이제 맘대로 장사도 못 하겠네. 딴 일을 찾든 해야지 원.

휴. 겨우 따돌렸다.

다행히 장사도 그만두려나 봐요.

저기요!

"아픈 여동생을 위해 전 재산을 털어 약을 사려고 했어. 그런데 네 얼굴을 보고 정신이 번쩍 들었지 뭐니?"

아저씨는 눈물을 글썽이며 고맙다는 인사를 했어요.

그러자 아저씨의 머리 위로 말풍선이 떠올랐어요.

"세 번째 고사성어로군!"

* **삼십육계 줄행랑** : 매우 급하게 도망간다는 뜻.

설쌤이 다시 마법의 분필을 휘두르며 주문을 외우자, 멋진 고사성어 카드가 만들어졌어요.

"날 도와준 보답을 꼭 하고 싶은데 받아 주겠니?"

"아하하… 실은 저도 그 약장수에게 속아 넘어갈 뻔… 그러니까 보답은 제가 아니라 설쌤이."

온달이 아무리 설명해도 아저씨는 믿지 않았어요. 아저씨는 온달의 손을 꽉 부여잡고 말했어요.

"자꾸만 사양하니 속상하구나. 내가 만든 만두를 꼭 대접하고 싶었는데…."

"네? 만두라고요옷?"

"가시죠! 만두집으로!!!"

"응! 내가 만두 가게 주인 왕만두거든."

"그럼 그렇지."

왕만두 아저씨의 만두 가게

잠시 후, 설쌤과 온달, 평강이는 만두 가게에 둘러앉았어요. 고사성어는 잠시 잊고 만두를 즐기기로 했지요.

"자, 따끈따끈 왕만두가 나왔습니다!"

"세상에! 이런 만두라면 고사성어는 잠시 잊어도 좋을 만두 하지."

모락~ 모락~

"저, 이거 먹고 또 먹어도 돼요?"

"이 녀석… 또 얼마나 먹으려고!"

"그럼~! 모자라면 언제든 이야기하렴."

온달은 허겁지겁 만두를 먹기 시작했어요.

"우아, 진짜 맛있다! 쩝쩝!"

"내 만두를 이렇게 맛있게 먹어 주는 사람은 네가 처음이란다."

"저도 이렇게 맛있는 왕만두는 처음이에요!"

그때, 온달과 아저씨의 머리 위로 말풍선이 떠올랐어요.

설쌤은 놓치지 않고 재빨리 분필을 꺼내 들었어요.

감지덕지

❖ 감지덕지(感 느낄 감, 之 갈 지, 德 덕 덕, 之 갈 지)는 몹시 고맙게 여기는 모양을 뜻해요.

만두를 감지덕지 받아 든 온달은 끊임없이 입 안으로 만두를 밀어 넣었어요.
한 시간쯤 지났을까.
"더, 더는 못 먹어!"
설쌤과 평강이 의자 위로 벌렁 드러누우며 포기를 외쳤어요.

하지만 온달은 여전히 하마처럼 왕만두를 먹어 댔어요.

?

헉헉! 배는 부르지만 공짜니까 많이 먹어 둬야 해!

어쩜~ 먹는 모습도 귀여워~♡

어? 온달이의 머리 위로 말풍선이…?

텁

설쌤은 마법 분필을 휘둘러 온달의 모습을 카드에 담았어요. 설쌤과 평강이는 고사성어 카드를 보며 고개를 절레절레 저었어요.

❖ 견물생심(見 볼 견, 物 물건 물, 生 날 생, 心 마음 심)은 물건이 눈에 보이면 가지고 싶은 욕심이 생긴다는 뜻이에요.

꼭 겨울 식량을 모으는 다람쥐 같아요.

에휴~ 다람쥐는 귀엽기라도 하지! 이건 온달이한테 딱 들어맞는 고사성어다!

그런데 온달을 바라보는 왕만두 아저씨의 얼굴이 점점 어두워졌어요.

온달은 왜 아저씨가 갑자기 감탄고토의 자세를 보이는지 알 수 없었어요.

설쌤과 평강이도 그만 자리에서 일어났어요.

"죄송합니다. 이제 가 보겠습니다."

설쌤과 평강이에게 질질 끌려 나가면서도 온달은 만두를 물고 소리쳤어요.
"마음껏 먹으라고 할 때는 언제고! 정말 너무하세요!"

"저… 그게 사실…."

정신 차려!

질질~
질질~

양손 가득 무거운 봉지를 들었지만, 온달의 마음은 날아갈 것만 같았어요.

"이게 다 만두라니! 너무 행복해!"

야호!

훗!

정말 대단하다. 그렇게 많이 먹어 놓고.

만두는 많으면 많을수록 좋잖아?

?

왈 왈!

다다익선

❖ 다다익선(多 많을 다, 多 많을 다, 益 더할 익, 善 좋을 선)은 많으면 많을수록 좋다는 뜻이에요.

이 정도 다다익선 만두면 오늘 하루 내내 행복하겠어.

뭐? 겨우 하루?

고사성어 카드 다시 보기

온달은 만두를 선물 받자 기분이 날아갈 것 같았어요. 온달이 왜 만두를 선물 받게 되었는지 고사성어를 보며 이야기를 떠올려 볼까요?

감언이설
甘 言 利 設
달 감 말씀 언 이로울 이 말씀 설

달콤한 말과 이로운 이야기로 남을 꾀어내는 것을 말해요.
㉠ 약장수의 감언이설에 속을 뻔했다.

기사회생
起 死 回 生
일어날 기 죽을 사 돌아올 회 살 생

죽을 뻔하다가 다시 살아난다는 뜻이에요. 위기에 처한 상황에서 새롭게 힘을 내 일어서는 모습을 빗대어 이야기하기도 해요.

감지덕지
感 之 德 之
느낄 감 갈 지 덕 덕 갈 지

감사하게 생각하고 덕으로 생각한다는 뜻이에요. 몹시 고맙게 여기는 모양을 나타내지요.

견물생심
見物生心
볼 견　물건 물　날 생　마음 심

물건이 눈에 보이면 가지고 싶은 욕심이 생긴다는 뜻이에요.

감탄고토
甘呑苦吐
달 감　삼킬 탄　쓸 고　토할 토

달면 삼키고 쓰면 뱉는다는 뜻으로 자기 비위에 맞으면 좋아하고 싫으면 버린다는 뜻이에요.

비슷한 뜻을 가진 고사성어에는 **토사구팽**(兎死拘烹)이 있어요. '사냥하러 가서 토끼를 잡으면, 사냥하던 개는 쓸모없게 되어 삶아 먹는다'는 뜻이에요. 필요할 때는 쓰고 필요 없을 때는 야박하게 버리는 경우를 이르지요.

다다익선
多多益善
많을 다　많을 다　더할 익　좋을 선

많으면 많을수록 더욱 좋다는 말이에요.
㉠ 전쟁 중 무기는 다다익선이다.

찢어진 고사성어 카드의 짝을 찾아라!

으악! 고사성어 카드가 찢어졌어. 설쌤이 오시기 전에 어서 카드의 짝을 찾아야 해.

일거양득

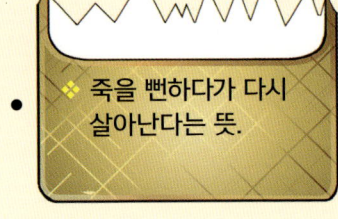

❖ 죽을 뻔하다가 다시 살아난다는 뜻.

어떡해. 고사성어 음에 어울리는 고사성어 뜻을 찾아 연결해야 하는데….

감언이설

❖ 달콤한 말로 다른 사람을 꾀어낸다는 뜻.

어려워. 힝.

기사회생

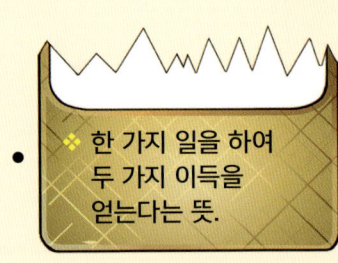

❖ 한 가지 일을 하여 두 가지 이득을 얻는다는 뜻.

곧 설쌤이 도착하셔! 이제 얼마 남지 않았다고.

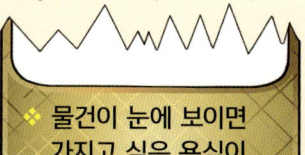 물건이 눈에 보이면 가지고 싶은 욕심이 생긴다는 뜻.

 감지덕지

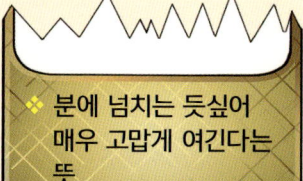 분에 넘치는 듯싶어 매우 고맙게 여긴다는 뜻.

 견물생심

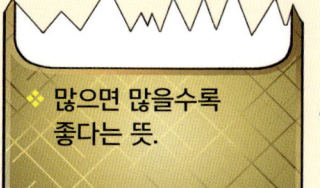 많으면 많을수록 좋다는 뜻.

 감탄고토

 시간이 없어. 서둘러야 해!

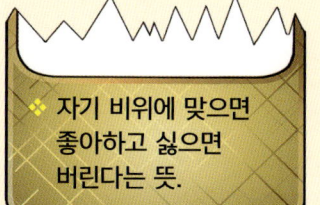 자기 비위에 맞으면 좋아하고 싫으면 버린다는 뜻.

 다다익선

와! 다 맞혔다!

3화 작심삼일에서 대기만성으로!

다음 날, 설쌤 일행은 로빈을 따라 낡고 으스스한 집 앞에 도착했어요.

설쌤은 떨리는 손으로 초인종을 눌렀어요. 한참이 지나도 안에서는 아무런 기척이 없었어요.
"아이고, 살다 살다 내 이 집에 손님이 오는 걸 다 보네."
지나가던 할머니가 일행에게 말을 걸어왔어요.

"세상에!"

집 주위로 엄청나게 많은 말풍선들이 떠올랐어요.

"이 으스스한 집에 고사성어가 저렇게나 많이 숨어 있다고?"

온달은 당장에라도 담을 뛰어 넘어갈 기세였어요.

"안 돼! 무단 침입은 범죄라고!"

설쌤과 평강이 겨우 온달을 말렸어요.

그때, 끼이익! 대문이 열리는 소리가 들렸어요. 범인은 로빈이었어요!

헉!

대문이 잠겨 있지 않았잖아?

순식간에 로빈의 꼬리가 사라지자, 설쌤은 망연자실했어요.
"설쌤! 로빈을 찾기 위해서는 집 안으로 들어가는 수밖에 없겠어요!"
온달이 씩씩하게 나섰고, 설쌤과 평강이도 영 께름칙한 표정으로 대문 안으로 들어섰어요.

아무도 안 계세요?
로빈! 로빈 어딨니?

평강아, 내 손 꼭 잡아.

으으, 무서워.

누구세요?

꺄아악!

엇? 머리 위에 말풍선이?

죄송해요. 대문이 열려 있어서… 로빈이 안으로 들어왔는데 혹시…?

아, 로빈은 강아지예요. 설쌤이 키우는 반려견인데.

?

로오빈?

서얼쌤?

온달과 평강이 차근차근 설명했지만 집주인은 전혀 알아듣지 못했어요. 설쌤은 그 사이 집주인의 머리 위에 뜬 말풍선을 잽싸게 봉인했어요.

비몽사몽

비몽사몽(非 아닐 비, 夢 꿈 몽, 似 같을 사, 夢 꿈 몽)은 꿈인지 생시인지 어렴풋한 상태를 말해요.

나, 너무 무서워.

걱정 마. 여기 평강 공주의 호위 무사 온달 장군이 있잖아!

나, 믿지?

설쌤은 차마 못 볼 꼴을 보았다는 듯 눈을 찌푸렸어요.

에휴. 이 와중에 참.

눈이 있는 게 잘못이지.

일편단심

그럼~. 믿고 말고. 난 너밖에 없어.

나도.

❖ 일편단심(一 한 일, 片 조각 편, 丹 붉을 단, 心 마음 심)은 한 조각의 붉은 마음이라는 뜻으로, 진심에서 나오는 변치 않는 마음을 말해요.

"왈왈!"
그때, 두 사람의 달달 모드를 방해하려는 듯 로빈이 마구 짖어 댔어요.

설쌤이 조심스럽게 방문을 열자,

해골을 발견하고 놀란 온달은 도망을 치다가 무언가와 쿵! 부딪히고 말았어요.
돌아보니 집주인이었어요.

 아까 말씀드렸잖아요. 강아지 찾으러 왔다고.

 무슨 소리야? 난 그런 말 처음 들어!

 그러니까 설쌤의 반려견 로빈이 갑자기 대문 사이로 뛰어드는 바람에….

 아니. 난 너희 얼굴도 처음 봤는걸? 당장 신고하겠어!

금시초문

◆ **금시초문**(今 이제 금, 時 때 시, 初 처음 초, 聞 들을 문)은 이제 막 처음으로 듣는 말을 뜻해요.

마이동풍

◆ **마이동풍**(馬 말 마, 耳 귀 이, 東 동녘 동, 風 바람 풍)은 남의 말을 귀담아듣지 않는 모습을 말해요.

설쌤은 얼른 집주인의 머리 위로 떠오른 두 개의 말풍선을 봉인했어요. 그러자…!

"어? 그러고 보니 아까 그런 말을 들었던 것 같기도 하고."

 "이제 기억이 나세요? 다행이다."

"으, 응. 소리 질러서 미안."

"흠. 말풍선을 봉인하자 태도가 달라졌어."

기억이 돌아온 집주인은 그제야 깜깜한 방 안의 불을 환히 밝혔어요.

"지저분해도 이해해 줘."

"우아! 눈부셔!"

"로빈, 너 거기 있었구나!"

"왈 왈"

"혹시 만화가세요?"

"이건 만화 원고잖아?"

온달의 말에 집주인은 당황한 듯 고개를 저었어요.

"아니. 그냥 지망생일 뿐이야."

순간, 집주인의 얼굴에 슬픔이 어렸어요.

"사실 중요한 만화 공모전을 준비하느라 밤낮이 뒤바뀌었거든."

"아, 그래서 한낮에도 암막 커튼을!"

"작업하시는데 방해해서 죄송해요."

"괜찮아…. 어차피 포기한걸."

"네? 왜요?"

열심

열심

"창피하지만 난 한 가지 일을 꾸준히 해 본 적이 없어."

"그래도 내가 좋아하는 만화 일은 열심히 하려고 했는데…."

"그런데요?"

"3일쯤 지났을까. 갑자기 나쁜 생각이 들더라고. 열심히 해도 실패할 거 같은…."

?

설쌤은 집주인의 어깨를 누르고 있는 말풍선을 향해 외쳤어요.

작심삼일! 3일마다 새롭게 마음을 다잡지 않으면 포기하게 되는 고사성어야.

작심삼일

1일차 — 열심히 해야지!

2일차 — 조금만 쉴까?

3일차 — 그만할래.

✦ 작심삼일(作 만들 작, 心 마음 심, 三 석 삼, 日 날 일)은 결심한 마음이 사흘을 가지 못하고 무너진다는 뜻이에요.

고사성어를 봉인한 설쌤은 집주인을 따뜻하게 위로해 주었어요.

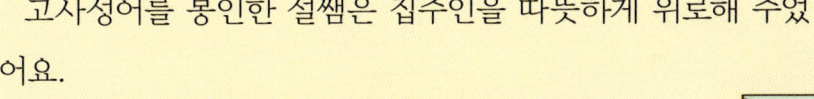

작심삼일을 극복하는 유일한 방법은,

3일마다 새롭게 작심삼일 하는 거예요!

오, 멋진 방법인데요?

설쌤의 멋진 위로 덕분에 시름에 잠겨 있던 집주인의 표정이 환해졌어요.

감사합니다! 이제 정말 열심히 할 수 있을 거 같아요!

고맙다, 얘들아!

이럴 때가 아니지! 마감이 얼마 남지 않았어!

한 번 펜을 잡은 집주인은 옆에 누가 있다는 사실도 잊은 채 슥삭슥삭 화면을 채워 나갔어요.

쉿! 우리 얼른 나가자.

설쌤은 방을 나가다 말고 슬쩍 돌아보았어요. 작업 중인 집주인의 뒷모습에 말풍선 하나가 떠올랐죠. 설쌤은 이 집의 마지막 고사성어를 무사히 봉인했어요.

❖ **대기만성(大 큰 대, 器 그릇 기, 晩 늦을 만, 成 이룰 성)**은 큰 그릇은 늦게 만들어진다는 말이에요. 큰 인물이 되려면 그만큼 많은 시간과 노력이 필요하다는 뜻이지요.

카드에는 지금 집주인에게 가장 필요한 고사성어가 담겨 있었어요.

"왈왈!"

온달과 평강의 싸움을 말리듯 로빈이 짖어 댔어요. 로빈의 시선은 마을 사람들을 향해 있었어요.

"도망친 고사성어가 사람들의 행동을 지배하고 있는 게 분명해!"

설쌤의 말에 평강과 온달은 깜짝 놀랐어요.

뭐라고요?

고사성어가 사람들을 지배하고 있다고요?

확실해. 사람들은 자기 의지가 아닌 고사성어의 뜻대로 행동하고 있어.

실에 매달린 채 움직이는 마리오네트 인형처럼요?

응. 긍정적인 뜻을 가진 고사성어는 괜찮지만 그렇지 않은 경우엔 심각한 문제가 생길 수도 있지.

큰일이네요.

하지만 세 사람이 집 앞에 도착했을 때 더 큰 문제가 그들을 기다리고 있었어요.

집 앞

바로 황 대감이 나타난 거예요! 떡볶이집에서 헤어진 후 일주일만이었어요.

지금이 몇 시야? 대체 뭘 하고 다니는 거야?

갑자기 왜 왔어?

두 분 또 싸우시네….

갑자기라니?

만나자마자 또 티격태격 다투는 설쌤과 황 대감을 보며 평강과 온달은 고개를 절레절레 흔들었어요.

설마 까먹은 건 아니겠지? 오늘이 바로 고사성어 시험 날이라는 걸!

네에???? 말도 안 돼애애!!

고사성어 카드 다시 보기

고사성어 시험을 앞둔 온달은 걱정이 이만저만이 아니에요. 하지만 설쌤과 함께 고사성어 카드로 공부하면 어려운 시험도 문제없을 거예요.

두 문 불 출
杜 門 不 出
막을 두 / 문 문 / 아니 불 / 날 출

문을 닫고 나가지 않는다는 뜻으로, 집에만 있고 바깥으로 나가지 않는 것을 말해요.

'두문동'은 고려 말기에 조선이 세워지는 것을 반대한 선비들이 벼슬살이를 거부하고 숨어 지내던 곳이에요. 여기서 **두문불출**이 유래했으며, 벼슬에서 물러나 고향에 은거하며 사는 선비를 '두문불출'로 표현하기도 해요.

비 몽 사 몽
非 夢 似 夢
아닐 비 / 꿈 몽 / 같을 사 / 꿈 몽

꿈인지 생시인지 어렴풋한 상태를 말해요.

일편단심
一 片 丹 心
한 일 / 조각 편 / 붉을 단 / 마음 심

한 조각의 붉은 마음이란 뜻으로, 진심에서 우러나오는 변치 않는 마음을 일컬어요.

금시초문
今 時 初 聞
이제 금 / 때 시 / 처음 초 / 들을 문

이제야 막 처음으로 들었다는 뜻이에요. 時(때 시) 대신 始(비로소 시)를 써도 맞아요.

마이동풍
馬 耳 東 風
말 마 / 귀 이 / 동녘 동 / 바람 풍

말 귀에 봄바람이 스쳐 간다는 뜻으로, 남의 말을 귀담아듣지 않고 흘려버리는 모습을 말해요.

비슷한 뜻을 가진 고사성어에는 **우이독경**(牛耳讀經)이 있어요. '쇠귀에 경 읽기'란 뜻으로, 아무리 가르쳐 주어도 알아듣지 못한다는 의미예요.

작심삼일 (作心三日)
만들 **작** · 마음 **심** · 석 **삼** · 날 **일**

굳게 먹은 마음이 사흘을 가지 못하고 무너진다는 뜻이에요.
㉠ 작심삼일로 끝나지 않으려면 계획을 잘 세워야 해.

대기만성 (大器晩成)
큰 **대** · 그릇 **기** · 늦을 **만** · 이룰 **성**

큰 그릇은 늦게 만들어진다는 말이에요. 큰 인물이 되려면 많은 시간과 노력이 필요하다는 뜻이지요. 곧 크게 될 사람은 늦게 이루어진다는 뜻이기도 해요.

유언비어 (流言蜚語)
흐를 **유** · 말씀 **언** · 날 **비** · 말씀 **어**

흘러가는 말, 날아다니는 말이라는 뜻이에요. 아무 근거 없이 퍼진 터무니없는 소문을 의미해요.

고사성어 4컷 만화

아래 4컷 만화의 제목은 고사성어로 이루어져 있어요. 만화 속 상황에 어울리는 고사성어를 찾아 제목 칸에 넣어 주세요.

* **좌불안석** : 마음이 불안하여 가만있지 못하고 안절부절못하다.

4화 조선 시대에서 고사성어 찾기

'으악! 사라진 고사성어를 찾느라 시험은 잊고 있었어!'

온달은 발을 동동 굴렀지만 황 대감에게 사실대로 말할 순 없었어요. 그랬다간…!

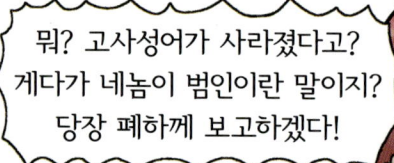

뭐? 고사성어가 사라졌다고? 게다가 네놈이 범인이란 말이지? 당장 폐하께 보고하겠다!

끙…. 온달을 관리하지 못한 죄로 나 역시 위기에 처하겠지?

온달이 부마로서 자격이 있는지 또 의심받을 거예요.

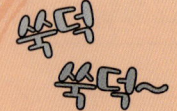

쌤, 저 시험 빵점 맞을 거 같은데…. ← 혼자 시험 걱정 중

쑥덕 쑥덕~

'오호! 공부를 하나도 못 해서 모두들 당황하는 게 분명해. 이번에야말로 설 박사 저 녀석을 이길 절호의 기회!'

황 대감은 빛의 속도로 시험지를 꺼내 들었어요.

이게 어떻게 된 일일까요? 온달이 흥얼흥얼 콧노래를 부르며 답안지를 술술 적어 나갔어요.

괄목상대

✦ 괄목상대(刮 비빌 괄, 目 눈 목, 相 서로 상, 對 대할 대)는 학식이나 재주가 몰라보게 성장한 모습을 이르는 말이에요.

황 대감은 괄목상대한 온달을 의심하기 시작했어요.

분명 뭔가 있어. 냄새가 나, 냄새가…. 킁킁.

마침 로빈이 또다시 분필 냄새를 맡았는지 마구 짖기 시작했어요.

로빈이 이렇게 짖는다는 건?

무슨 일이 생긴 게 틀림없다고요!

다 다 다

?

나도 같은 생각이다. 얼른 따라가 보자!

무슨 소리야? 같이 좀 알자!

이심전심

말하지 않아도 알~아요 ♪

아, 이심전심이 이런 뜻이었구나.

대체 나 몰래 어딜 가는 거냐고?

타닥

❖ 이심전심(以 써 이, 心 마음 심, 傳 전할 전, 心 마음 심)은 마음과 마음으로 뜻이 통하는 걸 말해요.

그때, 황 대감 역시 역사의 문으로 빨려 들어가는 말풍선들을 보고 말았어요.

오잉? 저게 다 뭐야?

무슨 일이 벌어지고 있는 거냐고!

에휴. 말풍선들이 역사의 문 안으로 사라지다니.

이 나이에 과거까지 가서 고사성어를 찾게 생겼어.

온달의 말을 듣기라도 했는지 역사의 문으로 향하던 말풍선 하나가 쪼르르 온달 쪽으로 다가왔어요.

이거야 말로 엎친 데 덮친 거네요.

?

설상가상

고사성어 시험에 한국사 탐험까지! 으아악!

❖ 설상가상(雪 눈 설, 上 위 상, 加 더할 가, 霜 서리 상)은 난처한 일이 잇따라 일어나는 것을 뜻해요.

휴. 설상가상이지만 그래도 일단 들어가 보는 수밖에.

네. 황 대감님껜 고사성어가 모두 제자리를 찾은 뒤 설명드리죠.

뭘 설명한다는 거야?
나도 같이 가!

팟!

날 또 왕따 시켜?
이 원수는 꼭 갚고 말겠다!
으으으!

뒤뚱뒤뚱

역사의 문 안에 들어서자 설쌤과 온달, 평강의 눈앞에 한국사의 순간들이 파노라마처럼 펼쳐졌어요.

와, 그동안 이렇게 여러 곳을 다녔다니.

다시 봐도 정말 신기해!

얘들아, 다 왔다!

그때, 수풀 너머에서 시끌벅적한 소리가 들려왔어요.

설쌤은 어느 시대에 도착했는지 깨달았어요. 바로 일본과 전쟁이 한창인 조선 시대였어요.
그리고 세 사람이 있는 곳은 바로…!

"명량 해전이 일어나기 직전의 전라 우수영이야!"

"그렇다면 이순신 장군님을 만날 수 있는 거예요?"

"지금은 도망친 고사성어들을 찾는 게 먼저야. 다 찾기 전까지는 못 돌아간다고!"

"쌤, 저기! 말풍선이 떠 있어요!"

우왕좌왕

❖ **우왕좌왕**(右 오른쪽 우, 往 갈 왕, 左 왼쪽 좌, 往 갈 왕)은 오른쪽으로 갔다 왼쪽으로 갔다 하며 나아갈 방향을 정하지 못하고 허둥댐을 뜻하는 말이에요.

"저기에도 있어요!"

"?"

우유부단

"싸울까… 말까…?"

◆ 우유부단(優 넉넉할 우, 柔 부드러울 유, 不 아닐 부, 斷 끊을 단)은 너무 부드러워 맺고 끊지 못한다는 뜻으로, 결정하지 못하고 망설이는 모습을 말해요.

설쌤이 서둘러 '우왕좌왕'과 '우유부단'을 봉인했어요. 그런데 이상하게도….

"군사들이 계속 불안해 보여요!"

"부정적인 고사성어를 봉인하면 사람들의 태도가 바뀌어야 하잖아요?"

"그만큼 전쟁의 공포가 크다는 거겠지."

"난 죽고 싶지 않아!"

휙 휙

우르르

그때, 한 병사가 꽁무니를 빼며 도망치기 시작했어요. 그러자 둑이 무너지며 물이 쏟아지듯 병사들이 와르르 도망을 쳤어요.

"다들 멈춰라!"

"적군 앞에서 도망칠 셈이더냐!"

"자, 장군님!"

이순신 장군은 병사들을 둘러보며 큰 소리로 외쳤어요.

이순신 장군의 진심 어린 연설에 병사들도 마음을 다잡았어요.

산전수전

모두 내 경험을 믿고 따르거라!

◆ 산전수전(山 메 산, 戰 싸움 전, 水 물 수, 戰 싸움 전)은 산과 물에서 싸웠다는 말로, 온갖 고생과 시련을 겪어 경험이 풍부하다는 뜻이에요.

역시, 산전수전 다 겪은 이순신 장군님이셔서 병사들이 믿고 따르는구나.

장군님 팬클럽♥

꺄아, 너무 멋져!

모두들 배에 올라라! 울돌목으로 가자!

와아아아!

가즈아아아!

고사성어 카드 다시 보기

설쌤, 평강, 온달은 사라진 고사성어를 찾아 조선 시대에 도착했어요. 화살이 빗발치는 명량 한복판에서 세 사람은 무사히 고사성어를 찾아낼 수 있을까요?

괄 목 상 대
刮 目 相 對
비빌 괄 눈 목 서로 상 대할 대

눈을 비비고 상대를 본다는 뜻으로, 학식이나 재주가 몰라보게 성장한 모습을 일컫는 말이에요.

이 심 전 심
以 心 傳 心
써 이 마음 심 전할 전 마음 심

마음과 마음으로 뜻이 통한다는 말이에요.

설 상 가 상
雪 上 加 霜
눈 설 위 상 더할 가 서리 상

눈 위에 서리가 또 내린다는 뜻으로, 난처한 일이나 불행이 잇따라 일어나는 것을 말해요.

우왕좌왕 右往左往
오른쪽 **우** 갈 **왕** 왼쪽 **좌** 갈 **왕**

오른쪽으로 갔다 왼쪽으로 갔다 하며 나아갈 방향을 정하지 못하고 허둥댐을 뜻하는 말이에요.

우유부단 優柔不斷
넉넉할 **우** 부드러울 **유** 아닐 **부** 끊을 **단**

너무 부드러워 맺고 끊지 못한다는 뜻으로, 망설이기만 하고 결단을 내리지 못하는 모습을 말해요.

위풍당당 威風堂堂
위엄 **위** 바람 **풍** 당당할 **당** 당당할 **당**

풍채나 기세가 위엄이 넘치고 떳떳하다는 뜻이에요.

산전수전 山戰水戰
메 **산** 싸움 **전** 물 **수** 싸움 **전**

산에서도 싸우고 물에서도 싸웠다는 말이에요. 온갖 고생과 시련을 겪어 경험이 많음을 뜻하지요.

명량에 숨은 고사성어를 찾아라!

명량에 숨은 고사성어를 찾아 미로를 탈출해요. 올바른 고사성어를 따라가면 승리에 도달할 수 있어요.

5화 위기일발 명량, 위풍당당 이순신

이순신 장군이 탄 배는 힘차게 물살을 가르며 바다를 향해 나아갔어요. 장군과 병사들이 의심을 하기 전에 설쌤과 온달, 평강은 재빨리 변장을 했어요.

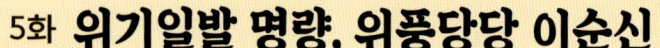

"장군님이 걱정이 많아 보이세요."

"그럴 수밖에. 고작 열 두척의 배로 열 배가 넘는 왜군과 싸우러 가는 길이니."

"이야, 어쩜, 나 온달님은 이런 옷도 잘 어울리는지."

 설쌤표 속성 강의

"임진왜란이 일어난 이후, 이순신 장군이 이끄는 조선 수군은 일본과의 모든 전투에서 승리했단다."

 "하지만 전쟁 영웅인 이순신 장군을 따르는 사람들이 많아지자 왕과 동료 장수는 장군을 질투하고 모함했어. 게다가…"

 "일본군의 계략으로 이순신 장군은 죄인으로 몰리게 돼. 결국 이순신 장군이 없는 조선 수군은 칠천량 해전에서 일본군에게 참패를 당하고 말았단다."

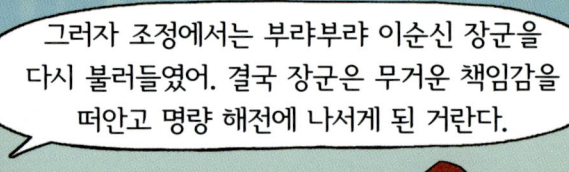

순식간에 백여 척의 일본군 함대가 바다를 가득 메웠어요.

설쌤은 이순신 장군의 용맹스러운 모습에 용기를 내 온달과 평강에게 힘차게 소리쳤어요.

툭! 봉인된 고사성어 카드가 온달의 발밑에 떨어졌어요. 일본군의 거만한 태도에 온달은 부아가 치밀었어요.

안하무인

이순신! 오늘은 기필코 널 끝장내겠다!

◆ 안하무인(眼 눈 안, 下 아래 하, 無 없을 무, 人 사람 인)은 눈 아래에 사람이 없다는 뜻으로, 거만한 태도로 남을 업신여김을 말해요.

아오! 그동안 이순신 장군님한테 늘 지기만 했으면서!

왈 왈
맞아, 맞아!

설쌤! 고사성어도 찾았으니 어서 돌아가요!

아직 아니다.

?

설쌤은 이순신 장군의 머리 위로 떠오른 말풍선들을 향해 마법의 분필을 힘차게 두 번 휘둘렀어요.

위기일발

✦ 위기일발(危 위태할 위, 機 기회 기, 一 한 일, 髮 터럭 발)은 머리털 하나로 무거운 물건을 들어 올리듯 위험한 상황을 말해요.

풍전등화

✦ 풍전등화(風 바람 풍, 前 앞 전, 燈 등불 등, 火 불 화)는 바람 앞의 등불이라는 뜻으로 매우 위태로운 처지를 말해요.

설쌤의 말이 떨어지기 무섭게 놀라운 일이 벌어졌어요. 갑자기 일본군이 타고 있던 배들이 기우뚱하더니 거센 소용돌이에 휘말리기 시작했어요.

이구동성

돌격하라!

이구동성(異 다를 이, 口 입 구, 同 한가지 동, 聲 소리 성)은 입은 다르지만 하는 말은 같다는 뜻이에요.

이순신 장군과 병사들이 한결같이 돌격을 외치며 달려들자 당황한 일본군이 주춤거렸어요.

이때다! 화포를 발사하라!

장군선은 명량 바다 한가운데서 일본 함대를 향해 힘껏 대포를 발사했어요. 거친 물살에 흔들리던 일본 함대는 대포를 맞고 그대로 침몰하기 시작했어요.

계속 쏴라! 적들의 배를 돌려보내지 마라!

쾅!

적들의 배를 돌려보내지 마라!

기세가 완전히 꺾인 일본군은 겁에 질려서 허겁지겁 도망치기 바빴지요.

"히익! 왜 자꾸 쫓아오는 거야?"

"?"

"고거 참 쌤통이다! 크크."

"이게 다 너희가 한 짓의 대가다!"

자업자득

"이게 다 남의 땅을 넘본 대가다!"

"다시는 오지 마라!"

와아

❖ 자업자득(自 스스로 자, 業 업 업, 自 스스로 자, 得 얻을 득)은 자기가 저지른 일의 결과가 자신에게 돌아간다는 뜻이에요.

꽁지 빠지게 달아나는 일본군을 보자 이순신 장군은 승리를 선포했어요. 조선 수군은 믿을 수 없다는 듯 환호성을 지르며 기뻐했어요.

우리 군이 승리했다!

와아!

이겼다! 우리가 이겼어!

만세!

살았어! 살았다고!

어머니! 집에 갑니다!

이순신 장군님 최고!

정말 믿기지 않아!

정말 기적 같은 짜릿한 승리였어요!

"이순신 장군님, 만세! 만세!"

"장군님 덕분에 승리할 수 있었습니다!"

"다 함께 해낸 것이니라. 우리 모두의 승리다."

"근데, 쌤. 이순신 장군님께서는 물살이 바뀔 거라는 걸 알고 계셨던 거겠죠?"

"물론이지. 이순신 장군님은 앞을 내다보고 미리 모든 걸 준비한 거야."

"앗, 마지막 말풍선이군."

선견지명

물살이 바뀔 때까지만 버티면 이길 수 있다!

❖ **선견지명**(先 먼저 선, 見 볼 견, 之 갈 지, 明 밝을 명)은 닥쳐올 일을 미리 짐작하는 지혜라는 뜻이에요.

쌤, 이제 그럼 돌아가는 건가요?

이곳에 있는 고사성어를 모두 모았으니 돌아가야지.

어쩔 수 없지. 아직 찾아야 할 고사성어들이 많이 남았으니.

아, 장군님 곁에 계속 있고 싶은데.

자, 어서 가자!

설쌤과 온달, 평강은 아쉬운 표정으로 조선을 떠났어요.

휴. 조선군이 질까 봐 너무 떨렸어.
난 승리한다는 걸 알고 있었는데도 무섭던걸.
착!
무서웠으면서도 날 지켜 주려고 한 거야?
당연하지. 넌 내 낭군님이니까.
아잉~ 몰라~♡
에잉~ 알면서~♡
달달 모드는 끝이 없군!
그런데 어디서 찬바람이….
으으으으

화가 머리끝까지 난 황 대감이 황소 콧김을 내뿜으며 나타났어요.

깜짝이야!

미워!

대체 나만 빼고 어딜 갔다 온 거야!

당장 말하지 않으면 폐하께 모두 고하겠다! 온달이 고사성어 시험에서 커닝을 했다고 말이야!

커닝?

아니라니까요!

고사성어 카드 다시 보기

명량 해전은 우리 역사상 가장 짜릿한 승리 중 하나일 거예요! 이 역사적인 순간에 나타난 고사성어들을 하나씩 살펴볼까요?

안 하 무 인
眼 下 無 人
눈 **안** 아래 **하** 없을 **무** 사람 **인**

눈 아래 사람이 없다는 뜻으로, 눈에 보이는 것이 없는 듯 건방지게 행동하는 걸 말해요.

위 기 일 발
危 機 一 髮
위태할 **위** 기회 **기** 한 **일** 터럭 **발**

머리털 하나로 무거운 물건을 들어 올리듯 위험한 상황을 말해요.

풍 전 등 화
風 前 燈 火
바람 **풍** 앞 **전** 등불 **등** 불 **화**

바람 앞의 등불이라는 뜻으로 매우 위태로운 처지를 뜻해요.

학 수 고 대
鶴 首 苦 待
학 **학** 머리 **수** 쓸 **고** 기다릴 **대**

학처럼 머리를 빼고 간절히 기다리는 모습을 말해요.

이 구 동 성
異 口 同 聲
다를 이　입 구　한가지 동　소리 성

입은 다르지만 하는 말은 같다는 뜻으로, 여러 사람의 말이 한결같다는 의미예요.

자 업 자 득
自 業 自 得
스스로 자　업 업　스스로 자　얻을 득

자기가 저지른 일의 결과가 자기 자신에게 돌아간다는 뜻이에요.

자 포 자 기
自 暴 自 棄
스스로 자　사나울 포　스스로 자　버릴 기

절망에 빠져 자신을 스스로 포기하고 돌아보지 않는 걸 말해요.

선 견 지 명
先 見 之 明
먼저 선　볼 견　갈 지　밝을 명

지금의 상황을 잘 살펴 앞으로 일어날 일을 미리 내다보는 지혜를 말해요.

온달이의 고사성어 난중일기

날짜 1597년 9월.
날씨 전쟁 중이라 정신없어 기억 안 남.

믿기지 않겠지만, 나는 1597년 9월 명량 바다 한복판에서 일어난 일을 일기로 쓰고 있다. 어떻게 이런 일이 가능하냐고? 이건 다 설쌤의 마법 분필 때문이다! (자세한 설명은 책의 앞부분을 보시길.)

내가 전쟁이 한창인 조선 시대에 도착했을 때, 조선 수군은 몹시 **우왕좌왕**했다. 어마어마한 군사를 거느린 일본군에 겁을 먹었기 때문이다. 그 모습을 본 이순신 장군님이 용감하게 군사들 앞에 섰다.

죽고자 하면 살 것이고, 살고자 하면 죽을 것이다. 물살이 바뀔 때까지 결코 물러서지 마라!

장군님의 **위풍당당**한 모습에 군사들은 조금씩 용기를 내기 시작했다. **위기일발**에 **풍전등화**인 상황이 계속되었지만 조선 수군은 물러서지 않았다. 물살이 바뀌기를 **학수고대**하며 일본군을 막아 냈다.

드디어 물살이 일본군 쪽으로 빠르게 흐르기 시작했다.

"지금이다! 전군 돌격하라!"

장군님의 호령이 끝나기 무섭게 조선 수군은 **이구동성** "돌격!"을 외치며 화포를 쏘아 댔다.

"계속 쏴라! 적의 배를 한 척도 돌려보내지 마라!"

일본 함대는 거센 물살에 휘말려 옴짝달싹 못 하더니, 화포를 맞고 수십 척의 배가 침몰하고 말았다.

12척의 배로 133척의 배를 가진 일본군과 싸워 이긴 그야말로 기적 같은 승리였다!

장군님의 뛰어난 **선견지명**과 백성을 사랑하는 마음이 없었다면 명량 해전의 기적 또한 없었을 것이다.

"나도 꼭 멋진 장군이 되어 난중에 꼬옥 난중일기를 남겨야징~~!"

6화 본격! 고사성어 대격돌

황 대감은 음흉한 미소를 지으며 역사의 문을 가리켰어요.

> 억울하면 당장 무슨 일이 벌어지고 있는 건지 설명해 줘. 똑똑히 봤어. 역사의 문으로 뭔가 빨려 들어가는 걸!

> 너무 충격적이었다고오~~~!!

세 사람은 하나같이 황 대감의 말을 모른 척했어요. 고사성어가 사라졌다는 사실을 알면 황 대감이 가만있지 않을 테니까요.

> 아하하, 무슨 말인지 모르겠네.

> 그치, 온달아?

> 그러니까요. 벌어지긴 무슨 일이 벌어져요. 그치, 평강아?

> 맞아. 황 대감님이 뭔가 오해하셨나 봐. 호호.

> 끙. 저러니까 더 수상해.

박박 우기는 게 통하지 않자 황 대감은 논리를 펼치기 시작했어요.

설쌤이 힘차게 마법 분필을 휘두르자, 멋진 고사성어 카드가 만들어졌어요.

전전긍긍

❖ 전전긍긍(戰 두려워할 전, 戰 두려워할 전, 兢 삼갈 긍, 兢 삼갈 긍)은 겁을 먹고 두려워 떨며 움츠리는 것을 말해요.

더 이상 황 대감을 속일 수 없겠다고 생각한 설쌤은 솔직하게 털어놓기로 했어요. 설쌤은 황 대감이 이해해 주길 바라며 그동안 있었던 일을 빠짐없이 이야기했어요.

설쌤의 이야기를 들은 황 대감은 노발대발 난리가 났어요.

황 대감이 역사의 문에 발을 들여놓자마자, 온달이 냅다 몸을 날렸어요.

폐하를 뵈러 서둘러 돌아가 볼까~~?♪

아, 안 돼요!

온달은 황 대감의 바짓가랑이를 꽉 붙잡고 조르기 시작했지요.

잠깐만요! 황 대감님!

에잇, 이거 놔! 이러다 벗겨지겠어!!

제발 한 번만 봐주세요, 뭐든 다 할게요!

흥, 그동안 네가 날 골탕 먹인 게 한두 번이더냐? 그런 말에 안 속는다!

그때, 평강이 황 대감의 앞을 가로막고 서서 애원했어요.

"황 대감님, 절 봐서라도 아바마마께 고하는 걸 멈추어 주세요."

"고, 공주님까지 왜 이러십니까."

"아예 고하지 마시라는 게 아니에요. 조금만 시간을 주세요. 고사성어를 모두 찾을 시간을…."

아무리 고집 센 황 대감이라도 공주의 눈물을 보자 마음이 흔들렸어요.
그러자 황 대감의 머리 위로 말풍선이 떠올랐어요.

"황 대감의 마음을 표현하는 고사성어라."

"저 고사성어에 따라 온달이의 운명이 결정되겠군."

?

설쌤은 얼른 카드를 집어 들었어요.

카드에 나타난 고사성어를 보는 순간 설쌤의 얼굴이 환하게 밝아졌어요!

좋았어!

- 인지상정(人 사람 인, 之 조사 지, 常 항상 상, 情 뜻 정)은 사람이면 누구나 가지는 보통의 마음을 뜻해요.

황 대감은 애걸복걸하는 온달과 평강을 차마 외면할 수 없었어요.

다행히 황 대감의 마음이 움직였어!

"공주님까지 그렇게 말씀하신다면, 알겠습니다."

"고마워요, 황 대감님."

아싸!

"정말이에요? 그럼 저 벌 안 받아도 되는 거죠?"

온달은 벌떡 일어나 황 대감을 껴안았어요!

"야호! 살았다!"

"저리 좀 떨어져!"

헐.

"하지만!"

"조건이 있다."

"조, 조건이요?"

"저 인간, 대체 뭘 시키려고?"

"내 제자 공갈이와 함께 고사성어를 찾도록 해라."

"네? 공갈이 녀석 하고요?"

황 대감의 말에 모두 깜짝 놀랐어요. 황 대감의 수제자이자 호시탐탐 부마 자리를 탐내는 공갈이는 온달의 라이벌이니까요.

황 대감의 머리 위에 또다시 고사성어 말풍선이 떠올랐어요. 설쌤은 서둘러 마법 분필을 휘둘렀어요.

조삼모사

지금 부마 자리에서 쫓겨날래, 나중에 쫓겨날래?

역시 그랬어! 지금 온달이가 질 게 뻔하니까 조삼모사식 제안을 하는 거잖아!

역시!

✦ 조삼모사(朝 아침 조, 三 석 삼, 暮 저녁 모, 四 넉 사)는 아침에 세 개, 저녁에 네 개라는 뜻으로, 간사한 꾀로 남을 속이는 것을 말해요.

황 대감은 헛기침을 하더니, 갑자기 온달을 몰아세웠어요.

"네가 먼저 무엇이든 다 하겠다고 했잖아!"

"?"

"그, 그건 맞지만 공갈이 녀석과 고사성어 대결일 줄은 몰랐죠."

"으으. 왠지 황 대감 저 녀석, 다음 대사가 예상되는걸?"

설쌤은 한숨을 내쉬며 황 대감의 머리 위로 떠오른 고사성어를 봉인했어요. 그때였어요.

"훗! 나와 대결하는 게 두려운가 보군!"

일언천금

"사람이 한 번 말을 꺼냈으면 꼭 지켜야지!"

❖ **일언천금**(一 한 일, 言 말씀 언, 千 일천 천, 金 쇠 금)은 한 마디의 말에 천금의 가치가 있다는 뜻이에요.

"이 빈정거리는 말투는?"

공갈이 자신만만한 표정으로 나타났어요! 공갈의 머리 위에는 말풍선이 떠 있었지요.

"스승님, 모시러 왔습니다!"

다재다능

◆ 다재다능(多 많을 다, 才 재주 재, 多 많을 다, 能 능할 능)은 재주와 능력이 여러 가지로 많은 사람을 말해요.

"말도 안 돼! 공갈이 녀석을 나타내는 고사성어가 다재다능이라니!"

"역시 공갈이로구나!"

설쌤은 마법 분필을 휘둘렀고, 곧 온달의 마음을 나타내는 고사성어를 볼 수 있었어요.
그것은 바로…

고사성어 카드 다시 보기

드디어 온달과 공갈의 고사성어 대결이 시작됐어요.
고사성어 카드로 열심히 공부한다면 정정당당 멋진 승부가 펼쳐지겠죠?

전 전 긍 긍
戰 戰 兢 兢
두려워할 전 두려워할 전 삼갈 긍 삼갈 긍

겁을 먹고 두려워 떨며 몸을 삼가고 조심하는 것을 뜻해요.

인 지 상 정
人 之 常 情
사람 인 조사 지 항상 상 뜻 정

사람이면 누구나 가지는 보통의 생각이나 마음을 말해요.

조 삼 모 사
朝 三 暮 四
아침 조 석 삼 저녁 모 넉 사

아침에 세 개, 저녁에 네 개라는 뜻으로, 간사한 꾀로 남을 속여 놀리는 것을 말해요. 또 당장의 차이만 신경 쓰고 그 결과가 같은 것을 모른다는 의미도 있어요.

조삼모사는 옛날이야기에서 유래했어요. 원숭이에게 아침에는 세 개, 저녁에는 네 개의 도토리를 준다고 하자 원숭이들이 화를 냈대요. 그런데 아침에는 네 개, 저녁에는 세 개의 도토리를 주겠다고 하자 원숭이들이 좋아하며 고개를 끄덕였다고 해요. 결국 하루에 일곱 개의 도토리를 주는 것은 똑같은데 잔꾀로 원숭이들을 속인 셈이지요.

일언천금
一 言 千 金
한 일　말씀 언　일천 천　쇠 금

한 마디의 말은 천금의 가치가 있다는 뜻이에요.

다재다능
多 才 多 能
많을 다　재주 재　많을 다　능할 능

재주도 많고 능력도 뛰어난 사람을 가리키는 표현이에요.

청천벽력
靑 天 霹 靂
푸를 청　하늘 천　벼락 벽　벼락 력

맑게 갠 하늘에서 갑자기 떨어지는 벼락이라는 뜻으로, 뜻밖에 일어난 큰 사건을 말해요.

고사성어 초성 퀴즈!

사라진 고사성어 100개 중 36개의 고사성어를 되찾았어요.
1권의 이야기를 떠올리며 고사성어 초성 퀴즈를 풀어
보세요. 고사성어의 음과 뜻은 물론, 고사성어에
어울리는 이야기 속 상황이 자연스레 떠오른답니다.

1화

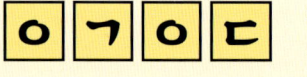

한 가지 일을 하여 두 가지 이득을 얻다.
"빵을 샀는데 그 안에서 내가 좋아하는 아이돌 스티커가 나왔어."

2화

달콤한 말로 다른 사람을 꾀어내다.
"온몸의 병을 싹 낫게 해 주는 만병통치약이 여기 있어요!"

죽을 고비를 넘기고 살아나다.
"가짜 약에 전 재산을 잃을 뻔했는데 네 덕분에 살았다!"

대단히 고맙게 여기는 모양.
"만두를 실컷 먹게 해 주셔서 정말 감사합니다!"

| ㄱ | ㅁ | ㅅ | ㅅ |

물건이 눈에 보이면 가지고 싶다.
"여기 있는 만두 다 주세요! 다 먹을 거예요!"

| ㄱ | ㅌ | ㄱ | ㅌ |

달면 삼키고 쓰면 뱉는다.
"도와준 건 고맙지만 만두를 다 먹으면 어떡해! 얼른 나가!"

| ㄷ | ㄷ | ㅇ | ㅅ |

많으면 많을수록 좋다.
"만두는 많으면 많을수록 좋을 만두 하지!"

3화

| ㄷ | ㅁ | ㅂ | ㅊ |

집 밖으로 나가지 않는다.
"집주인이 집 밖으로 나오는 걸 여태 본 적이 없어."

| ㅂ | ㅁ | ㅅ | ㅁ |

꿈인지 생시인지 흐리멍텅하다.
"로빈이 뭐 어쨌다고? 잠을 못 자서 정신이 몽롱해."

| ㅇ | ㅍ | ㄷ | ㅅ |

진심에서 나오는 변치 않는 마음.
"역시 내 신랑감♡ 난 온달이 너밖에 없어."

| ㄱ | ㅅ | ㅊ | ㅁ |

이제 막 처음으로 듣다.
"설쌤의 반려견 로빈을 찾으러 왔다니,
난 그런 말 처음 들어."

| ㅁ | ㅇ | ㄷ | ㅍ |

남의 말을 전혀 귀담아 듣지 않는다.
"난 그런 말 처음 듣는다니까.
아, 몰라. 안 들려. 경찰에 신고할 거야!"

| ㅈ | ㅅ | ㅅ | ㅇ |

단단히 먹은 마음이 3일을 가지 못하고 무너진다.
"3일쯤 지나니까 갑자기 나쁜 생각이 들더라고.
계획대로 해도 실패할 거 같은…."

| ㄷ | ㄱ | ㅁ | ㅅ |

큰 인물이 되려면 많은 시간과 노력이 필요하다.
"집주인은 인기 만화가가 되기 위해서
열심히 노력하기로 했어."

| ㅇ | ㅇ | ㅂ | ㅇ |

아무 근거 없이 퍼진 뜬소문.
"쉿! 비밀인데 저 집에 원한을 가득 품은 처녀 귀신이 산대!"

4화

| ㄱ | ㅁ | ㅅ | ㄷ |

학식이나 재주가 몰라보게 성장하다.
"전 옛날의 온달이가 아니라고요!
천재 온달로 불러 주세요."

| ㅇ | ㅅ | ㅈ | ㅅ |

마음과 마음으로 뜻이 통한다.
"말하지 않아도 알~아요~."

| ㅅ | ㅅ | ㄱ | ㅅ |

난처한 일이 잇따라 일어난다.
"전쟁터 한가운데서 고사성어까지 찾아야 하다니! 으악!"

| ㅇ | ㅇ | ㅈ | ㅇ |

이리저리 왔다 갔다 하며 결정하지 못하고
허둥댄다.
"막강한 군사력을 가진 일본군이 쳐들어온다니!
어떡하면 좋아."

| ㅇ | ㅇ | ㅂ | ㄷ |

우물쭈물 망설이기만 하고 결단을 내리지 못한다.
"싸울까… 도망칠까…? 어떡하지?"

| ㅇ | ㅍ | ㄷ | ㄷ |

위엄 있고 떳떳하다.
"죽음을 각오하고 싸우면 이길 수 있을 것이다!"

| ㅅ | ㅈ | ㅅ | ㅈ |

온갖 고생과 어려운 일을 겪어 경험이 많다.
"나는 전장에서 숱한 시련을 겪어 왔다!
모두 내 경험을 믿고 따르거라!"

5화

| ㅇ | ㅎ | ㅁ | ㅇ |

다른 사람을 무시하고 함부로 대한다.
"겨우 12척의 배로 우리를 막겠다고?
그 입부터 막아 주마! 깔깔."

| ㅇ | ㄱ | ㅇ | ㅂ |

머리털 하나로 무거운 물건을 들어 올리듯 위험한 순간.
"이순신 장군님. 여기는 위험합니다.
얼른 피하셔야 합니다."

| ㅍ | ㅈ | ㄷ | ㅎ |

바람 앞의 등불처럼 매우 위태로운 처지.
"조선 수군은 어마어마한 숫자의 일본군이 공격해 오자
겁에 질렸어."

| ㅎ | ㅅ | ㄱ | ㄷ |

학처럼 목을 길게 빼고 몹시 기다린다.
"이순신 장군은 죽을힘을 다해 싸우며
물살이 바뀌기만을 기다렸어."

| ㅇ ㄱ ㄷ ㅅ | 여러 사람이 모두 같은 목소리를 낸다.
"지금이다! 전군 돌격하라! 돌격하라! 우아아아!" |

| ㅈ ㅇ ㅈ ㄷ | 자신이 저지른 일의 결과를 자기가 받는다.
"이게 다 함부로 남의 나라를 넘본 대가다!" |

| ㅈ ㅍ ㅈ ㄱ | 절망에 빠져 스스로 자신을 포기한다.
"죽었다 깨나도 우리 일본군은 이순신에게 이길 수 없는 것인가." |

| ㅅ ㄱ ㅈ ㅁ | 닥쳐올 일을 미리 짐작하는 밝은 지혜.
"울돌목의 물살을 이용하면 적은 군사도 일본군을 물리칠 수 있다." |

6화

| ㅈ ㅈ ㄱ ㄱ | 몹시 두려워서 벌벌 떨며 조심하다.
"안 돼! 황 대감이 고사성어가 사라졌다는 걸 알면 절대 안 돼!" |

| ㅇ ㅈ ㅅ ㅈ | 사람이면 누구나 가지는 보통의 마음.
"황 대감님. 공주인 저를 봐서라도 한 번만 봐주세요! 딱 한 번만요." |

| ㅈ ㅅ ㅁ ㅅ | 간사한 꾀로 남을 속여 농락하다.
"지금 부마 자리에서 쫓겨날래, 나중에 쫓겨날래?" |

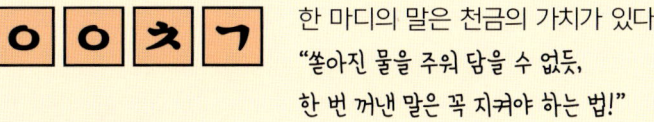 한 마디의 말은 천금의 가치가 있다.
"쏟아진 물을 주워 담을 수 없듯,
한 번 꺼낸 말은 꼭 지켜야 하는 법!"

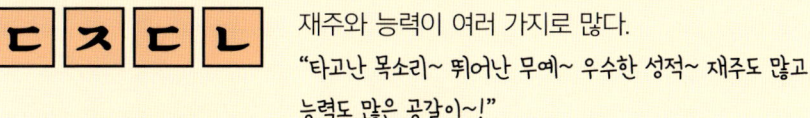 재주와 능력이 여러 가지로 많다.
"타고난 목소리~ 뛰어난 무예~ 우수한 성적~ 재주도 많고
능력도 많은 공갈이~!"

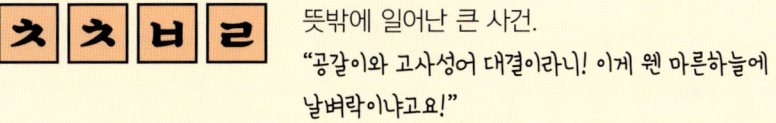 뜻밖에 일어난 큰 사건.
"공갈이와 고사성어 대결이라니! 이게 웬 마른하늘에
날벼락이냐고요!"

설민석의 고사성어 대격돌 정답

28~29쪽
고사성어 징검다리를 건너라!

51쪽
숫자가 들어간
고사성어 십자말풀이

74~75쪽
찢어진 고사성어 카드의
짝을 찾아라!

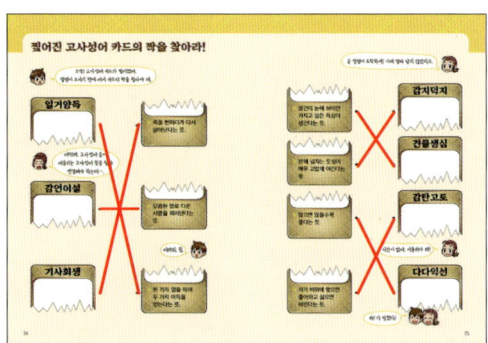

99쪽
고사성어 4컷 만화

120~121쪽
명량에 숨은
고사성어를 찾아라!

168~173쪽 고사성어 초성 퀴즈!

1화	2화	3화	4화	5화	6화
일거양득	감언이설	두문불출	괄목상대	안하무인	전전긍긍
	기사회생	비몽사몽	이심전심	위기일발	인지상정
	감지덕지	일편단심	설상가상	풍전등화	조삼모사
	견물생심	금시초문	우왕좌왕	학수고대	일언천금
	감탄고토	마이동풍	우유부단	이구동성	다재다능
	다다익선	작심삼일	위풍당당	자업자득	청천벽력
		대기만성	산전수전	자포자기	
		유언비어		선견지명	

175

설민석의 고사성어 대격돌
❶ 위기일발! 명량에 숨은 고사성어를 찾아라!

글 설민석, 스토리콘 | 그림 김문식 | 감수 단꿈 연구소
초판 1쇄 펴낸날 2020년 12월 7일 | 초판 3쇄 펴낸날 2021년 1월 25일
펴낸이 조은희 | 기획·편집 위혜정 | 편집 한해숙, 신경아 | 디자인 최성수, 최금옥
마케팅 박영준, 한지훈 | 온라인마케팅 정보영 | 경영지원 김효순
펴낸곳 ㈜한솔수북 | 출판등록 제2013-000276호 | 주소 03996 서울시 마포구 월드컵로 96 영훈빌딩 5층
전화 02-2001-5822(편집), 02-2001-5828(영업) | 전송 02-2060-0108 | 전자우편 isoobook@eduhansol.co.kr
블로그 blog.naver.com/hsoobook | 인스타그램 soobook2 | 페이스북 soobook2
ISBN 979-11-7028-705-6 | 세트 ISBN 979-11-7028-704-9 74700

어린이제품안전특별법에 의한 제품 표시
품명 도서 | 사용연령 만 7세 이상 | 제조국 대한민국 | 제조자명 ㈜한솔수북 | 제조년월 2021년 1월

ⓒDankkumi Corp.
※ 본 제품은 ㈜단꿈아이와의 상품화 계약에 의해 ㈜한솔수북에서 제작·판매하는 것으로 무단 복제 및 전재를 금합니다.
『설민석의 한국사 대모험』 원작사 ㈜단꿈아이
『설민석의 한국사 대모험』 그림작가 정현희
※ 파본은 구입처에서 교환해 드리며, 관련 법령에 따라 환불해 드립니다. 다만 제품이 훼손되면 환불이 불가능합니다.
※ 값은 뒤표지에 있습니다.

큐알 코드를 찍어서
독자 참여 신청을 하시면
선물을 보내 드립니다.

 한솔수북의 모든 책은 아이의 눈, 엄마의 마음구 만듭니다.